Découvertes 2

Vokabellernheft

Ernst Klett Verlag
Stuttgart Düsseldorf Leipzig

VORWORT

Vokabeln lernen mit dem Vokabellernheft

Dieses Vokabellernheft im Taschenformat soll dich begleiten und dir dabei helfen, den Lernwortschatz von *Découvertes* zu wiederholen. Du kannst dich damit in Pausen oder im Bus auch auf Vokabeltests vorbereiten.
Am besten hast du beim Lernen immer einen Bleistift zur Hand. So kannst du Wörter markieren, die du schwierig oder seltsam findest.
Am Ende einer *Leçon* gibt es jeweils einen Teil zum Hineinschreiben. Hier geht es darum, das Gelernte selbst zu ordnen und zu wiederholen. So kannst du die Wörter besser behalten. Manchmal wirst du auch aufgefordert, etwas zu übersetzen. Deine Lösung kannst du nachprüfen: sieh im Anhang ab S. 63 nach.
Viele finden solche Wörtchen wie *devant, déjà* oder *puis* besonders schwierig. Deshalb wirst du immer mal wieder aufgefordert, diese „verflixten kleinen Wörter" aufzuschreiben, d.h. dich mit ihnen zu beschäftigen.
Manche Wörter kann man sich leichter merken, manche schwerer. Das ist ganz normal. Am Ende einiger *Leçons* wirst du gefragt, welche Wörter dir immer wieder Schwierigkeiten machen, sei es beim Behalten oder beim Aussprechen. Schreibe sie auf und wiederhole sie in regelmäßigen Abständen. So kannst du die besonders Widerspenstigen in den Griff bekommen. Notiere auch, welche Wörter du schön oder lustig findest!

Bon courage! [1]

Dein *Découvertes*-Team

[1] Gutes Gelingen!

LEÇON 1

Entrée: J'aime Paris.

> ***Sprich** neue Vokabeln laut aus und **schreibe** sie auf.*
> *Mündlich + schriftlich = 2 Lernchancen!*

un **parc** [ɛ̃paʀk]	ein Park
une **découverte** [yndekuvɛʀt]	eine Entdeckung
hier [jɛʀ]	gestern
un **matin** [ɛ̃matɛ̃]	ein Morgen
le matin [ləmatɛ̃]	morgens
une **étoile** [ynetwal]	ein Stern
un **planétarium** [ɛ̃planetaʀjɔm]	ein Planetarium
un **poisson** [ɛ̃pwasõ]	ein Fisch
un **aquarium** [ɛ̃nakvaʀjɔm]	ein Aquarium
chéri / **chérie** [ʃeʀi]	Liebling
le **dos** [lədo]	der Rücken
un **sac à dos** [ɛ̃sakado]	ein Rucksack
un **vestiaire** [ɛ̃vɛstjɛʀ]	eine Garderobe
même [mɛm]	sogar
un **sous-marin** [ɛ̃sumaʀɛ̃]	ein Unterseeboot/U-Boot
comme ça [kɔmsa]	so/auf diese Weise
embrasser qn [ɑ̃bʀase]	jdn. küssen/umarmen
Je t'embrasse. [ʒətɑ̃mbʀas]	Ich küsse/umarme dich. (*Grußformel)*

Texte: Quitter Paris?

mettre qc [mɛtʀ]	etw. legen/setzen/stellen; etw. anziehen

> ***mettre:** je mets, tu mets, il met, nous mettons, vous mettez, ils mettent. Passé composé: j'ai **mis***

mettre la table [mɛtʀlatabl]	den Tisch decken
passer qc [pase]	*(hier)* etw. verbringen *(einen Tag)*
le **temps** [lətɑ̃]	*(hier)* das Wetter

LEÇON 1

dormir [dɔʀmiʀ]	schlafen

dormir: *je dors, tu dors, il/elle/on dort, nous dorm**ons**, vous dorm**ez**, ils/elles dorm**ent**. Passé composé: j'ai **dormi***

un **mécanicien**/une **mécanicienne** [ɛ̃mekanisjɛ̃/ynmekanisjɛn]	ein Mechaniker/eine Mechanikerin
un **avion** [ɛ̃navjõ]	ein Flugzeug
déménager [demenaʒe]	umziehen

déménager *wird konjugiert wie **manger**:*
*je déménage, nous déménag**eons**;*
Passé composé: j'ai déménagé

ne … pas non plus [nə…panõply]	auch nicht
partir [paʀtiʀ]	weggehen/abfahren

partir: *je pars, tu pars, il par**t**, nous part**ons**, vous part**ez**, ils part**ent***

un **jardin** [ɛ̃ʒaʀdɛ̃]	ein Garten
ne … pas encore [nə…pazɑ̃kɔʀ]	noch nicht
un **camping-car** [ɛ̃kɑ̃piŋkaʀ]	ein Wohnmobil
là-bas [laba]	dort(hin)/da(hin)
froid/froide [fʀwa/fʀwad]	kalt
j'ai froid [ʒefʀwa]	mir ist kalt
une **capitale** [ynkapital]	eine Hauptstadt
un **musée** [ɛ̃myze]	ein Museum
sortir (de qc) [sɔʀtiʀ]	(aus etw.) hinausgehen/-fahren; ausgehen

sortir*: je sors, tu sors, il sort, nous sortons, vous sortez, ils sortent*

quand [kɑ̃]	wenn, als *zeitlich*
chaud/chaude [ʃo/ʃod]	warm, heiß
il fait chaud [ilfɛʃo]	es ist warm/heiß

LEÇON 1

il fait beau [ilfɛbo]	es ist schönes Wetter
un **degré** [ɛ̃dəgʀe]	ein Grad
il fait trente degrés [ilfɛtʀɑ̃tdəgʀe]	es sind 30 Grad
le **soleil** [ləsɔlɛj]	die Sonne
il y a du soleil [iljadysɔlɛj]	es ist sonnig
pleuvoir [pløvwaʀ]	regnen

> ***pleuvoir** tritt nur in Verbindung mit **il** auf, z. B.*
> ***il pleut*** [ilplø] *– es regnet,* ***il a plu*** [ilaply] *– es hat geregnet.*

ne … pas du tout [nə…padytu]	überhaupt nicht
en France [ɑ̃fʀɑ̃s]	in Frankreich
voir qc [vwaʀ]	etw. sehen

> ***voir**: je vois, tu vois, il voit, nous voyons, vous voyez,*
> *ils voient; j'ai **vu***

changer de qc [ʃɑ̃ʒedə]	etw. wechseln
une **région** [ynʀeʒjɔ̃]	eine Region
une **montagne** [ynmɔ̃taɲ]	ein Berg/ein Gebirge
loin [lwɛ̃]	weit
le **ski** [ləski]	das Skifahren
adorer qc [adɔʀe]	etw. sehr gern mögen
venir [vəniʀ]	kommen

> ***venir**: je viens, tu viens, il vient, nous venons, vous venez,*
> *ils viennent*

les **vacances** *(f.)(pl.)* [levakɑ̃s]	die Ferien/der Urlaub
signer qc [siɲe]	etw. unterschreiben
revenir [ʀəvəniʀ]	zurückkommen

Pratique

	un **résumé** [ɛ̃ʀezyme]	eine Zusammenfassung
1	**imaginer** qc [imaʒine]	sich etw. (aus)denken
	un **argument** [ɛ̃naʀgymɑ̃]	ein Argument
2	un **vélo** [ɛ̃velo]	ein Fahrrad

LEÇON 1

	un **boulevard** [ɛ̃bulvaʀ]	ein Boulevard
	rentrer [ʀɑ̃tʀe]	heimgehen/heimkommen
	le **café** [ləkafe]	der Kaffee
	un **café** [ɛ̃kafe]	ein Café
5	**arrêter** (de faire qc) [aʀɛte]	aufhören (etw. zu tun)
6	**classer** qc [klase]	etw. einordnen
7	les **gens** *(m., pl.)* [leʒɑ̃]	die Leute
	la **fin** [lafɛ̃]	das Ende/der Schluss
	à la fin [alafɛ̃]	schließlich, am Ende
8	**italien/italienne** [italjɛ̃/italjɛn]	italienisch
9	une **météo(rologie)** [lameteɔ(ʀɔlɔʒi)]	die Wettervorhersage
	un **nuage** [ɛ̃nyaʒ]	eine Wolke
	la **température** [latɑ̃peʀatyʀ]	die Temperatur
10	un **parapluie** [ɛ̃paʀaplɥi]	ein Regenschirm

In dieser Leçon kommen *Verben auf -ir* vor. Notiere und übersetze sie.

____

____

____

Suche ein *Verb auf -ir* heraus und konjugiere es.

je	__________	nous	__________
tu	__________	vous	__________
il/elle/on	__________	ils/elles	__________

Und wie lautet das *Passé composé*? __________

LEÇON 1

Beschreibe das Wetter auf den Zeichnungen.

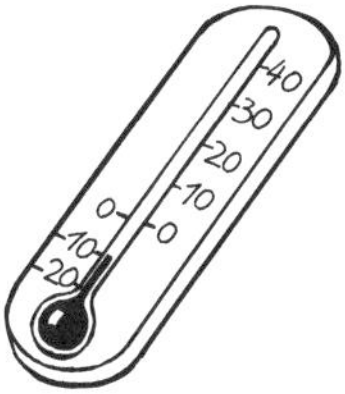

LEÇON 1

Wie ist das Wetter heute bei dir?

____

Die „verflixten“ kleinen Wörter. Übersetze.

sogar ______________________________________

so/auf diese Weise ______________________________

wenn, als *(zeitlich)* ____________________________

schließlich, am Ende ____________________________

gestern ____________________________________

weit ______________________________________

Was gibt es alles in einer Stadt? Suche drei Wörter aus dem Vokabular der *Leçon 1* heraus. Ergänze das Vokabelnetz um weitere Wörter, die du bereits gelernt hast.

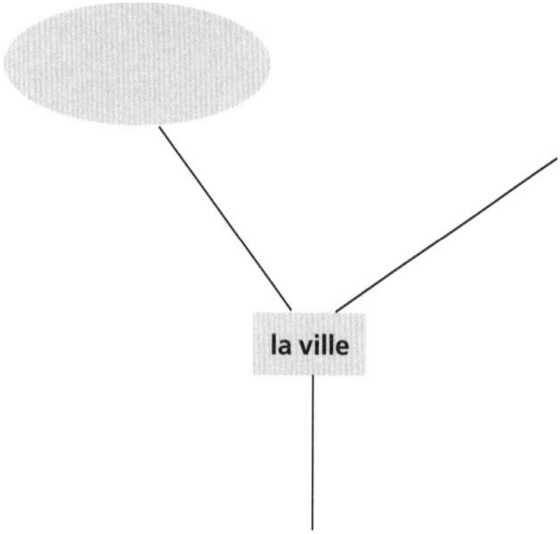

LEÇON 1

Übersetze.

ich sehe ______________________________

du hast unterschrieben ______________________

er kommt ______________________________

sie gehen heim ___________________________

ihr kommt zurück __________________________

wir ziehen um ___________________________

Wie lautet das Gegenteil?

le soir ≠ ______________________________

ici ≠ ______________________________

chaud ≠ ______________________________

près ≠ ______________________________

entrer ≠ ______________________________

Schau dir alle Wörter der *Leçon* erneut an. Notiere die Wörter, die du dir schwer merken kannst. Wiederhole sie morgen.

____

____

____

____

LEÇON 2

Arbeite mit dem Bleistift: Unterstreiche Wörter, die du immer wieder vergisst. Mache Kringel um die Verben.

Entrée: Paris-Toulouse

le premier/la première [ləpʀəmje/lapʀəmjɛʀ]	der Erste/die Erste *(hier)* als Erster/als Erste
une **crêpe** [ynkʀɛp]	ein Pfannkuchen
danser [dɑ̃se]	tanzen
descendre [desɑ̃dʀ]	hinuntergehen/aussteigen

descendre:** je descends, tu descends, il descend, nous descendons, vous descendez, ils descendent; Passé composé: je suis **descendu

Texte: Ce n'est qu'un au revoir!

ne ... que [nə...kə]	nur
un **déménagement** [ɛ̃demenaʒmɑ̃]	ein Umzug/Wohnungswechsel
un **reste** [ɛ̃ʀɛst]	ein Rest
un **kilomètre** [ɛ̃kilɔmɛtʀ]	ein Kilometer
en cinq heures [ɑ̃sɛ̃kœʀ]	in(nerhalb von) fünf Stunden
courir [kuʀiʀ]	laufen/rennen

courir:** je cours, tu cours, il court, nous courons, vous courez, ils courent; Passé composé: j'ai **couru

devoir faire qc [devwaʀ]	etw. tun müssen

devoir:** je d**oi**s, tu d**oi**s, il d**oi**t, nous devons, vous devez, ils d**oi**vent; Passé composé: j'ai **dû;
***ne pas devoir** bedeutet „nicht dürfen": Tu **ne** dois **pas** m'oublier. = Du **darfst** mich **nicht** vergessen.*

une **minute** [ynminyt]	eine Minute
un **retard** [ɛ̃ʀətaʀ]	eine Verspätung

LEÇON 2

être en retard [ɛtʀɑ̃ʀətaʀ]	verspätet sein
envoyer qc à qn [ɑ̃vwaje]	jdm. etw. schicken

envoyer**: j'envoie, tu envoies, il envoie, nous envoyons, vous envoyez, ils envoient; Passé composé: j'ai **envoyé

perdre qc [pɛʀdʀ]	etw. verlieren

perdre:** je perds, tu perds, il/elle/on perd, nous perdons, vous perdez, ils/elles perdent; Passé composé: j'ai **perdu

énerver qn [enɛʀve]	jdn. aufregen
des **idées noires** *(f., pl,)* [dezidenwaʀ]	düstere Gedanken
recevoir qc [ʀəsəvwaʀ]	etw. empfangen

recevoir :** je reçois, tu reçois, il reçoit, nous recevons, vous recevez, ils reçoivent; Passé composé: j'ai **reçu

une **nouvelle** [ynnuvɛl]	eine Nachricht/Neuigkeit
triste [tʀist]	traurig
intéresser qn [ɛ̃teʀɛse]	jdn. interessieren
qn est désolé(e). [dezɔle]	es tut jdm. Leid
qc est **nul/nulle** *(fam.)* [nyl]	etw. etwas ist blöd/bringt's nicht *(ugs.)*
une **tête** [yntɛt]	ein Kopf
faire la tête *(fam.)* [fɛʀlatɛt]	schmollen/sauer sein *(ugs.)*
un **accent** [ɛ̃naksɑ̃]	ein Akzent/Tonfall
un **paquet** [ɛ̃pakɛ]	ein Paket
un **escalier** [ɛ̃nɛskalje]	eine Treppe

***descendre l'escalier:** die Treppe hinuntergehen*
***monter l'escalier:** die Treppe hinaufgehen*
Beachte beim Passé composé:
*Je **suis** descendu. aber: J'**ai** descendu l'escalier.*
Ebenso: monter/monter qc.

rose [ʀoz]	rosa
prêt/prête [pʀɛ/pʀɛt]	fertig/bereit
une **piscine** [ynpisin]	ein Schwimmbad

LEÇON 2

	avant [avɑ̃]	vor *zeitlich* / vorher
	la **poste** [lapɔst]	die Post
	une **cave** [ynkav]	ein Keller
	marcher [maʀʃe]	gehen/laufen *(hier)* funktionieren
	retrouver qc [ʀətʀuve]	etw. wieder finden
	le **moral** [ləmɔʀal]	die Stimmung/innere Verfassung

J'ai retrouvé le moral: *Ich habe wieder neuen Mut geschöpft.*

	au bord de qc [obɔʀdə]	am Rande/Ufer von etw.
	tomber [tõbe]	fallen
	une **visite** [ynvizit]	ein Besuch
	mille [mil]	tausend
	un **chanteur**/une **chanteuse** [ɛ̃ʃɑ̃tœʀ/ynʃɑ̃tøz]	ein Sänger/eine Sängerin
	un **canal** [ɛ̃kanal]	ein Kanal
	un **bateau**/des **bateaux** [ɛ̃bato/debato]	ein Boot, Schiff
	un **concert** [ɛ̃kõsɛʀ]	ein Konzert
	le **jazz** [lədʒaz]	der Jazz *Musikstil*

Pratique

2	**prendre des notes** [pʀɑ̃dʀdenɔt]	Notizen machen
	en ville [ɑ̃vil]	in der Stadt/in die Stadt
3	**Beurk!** *(fam.)* [bœʀk]	Igitt! *(ugs.)*
	dernier/dernière [dɛʀnje/dɛʀnjɛʀ]	letzter/letzte/letztes
	un **cassoulet** [ɛ̃kasulɛ]	ein Cassoulet (*Eintopfgericht)*
	commencer à faire qc [komɑ̃se]	anfangen etw. zu tun
4	un **poème** [ɛ̃pɔɛm]	ein Gedicht
	sourd/sourde [suʀ/suʀd]	taub
5	un **reportage** [ɛ̃ʀəpɔʀtaʒ]	eine Reportage
6	**tard** [taʀ]	spät
7	un **sandwich** [ɛ̃sɑ̃dwitʃ]	ein Sandwich

	le **français** [ləfʀɑ̃sɛ]	das Französische
9	**ci-dessus** [sidəsy]	(weiter) oben

ci-dessus *verweist auf einer geschriebenen Seite auf etwas, das weiter oben steht.*

10	un **correspondant**/une **correspondante** *fam.: un/une corres* [ɛ̃kɔʀɛspɔ̃dɑ̃/ynkɔʀɛspɔ̃dɑ̃t]	ein Brieffreund/eine Brieffreundin; ein Austauschpartner/eine Austauschpartnerin
11	un **nombre** [ɛ̃nɔ̃bʀ]	eine Zahl
12	un **déménageur** [ɛ̃demenaʒœʀ]	ein Möbelpacker
	un **camion** [ɛ̃kamjɔ̃]	ein Lastwagen

Du hast einige Verben der Bewegungrichtung kennen gelernt. Vervollständige die Kästchen mit den passenden Verben.

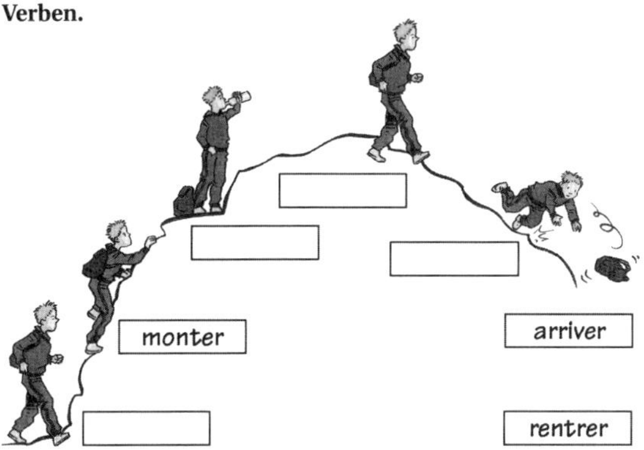

LEÇON 2

Notiere ein Wort aus derselben Wortfamilie.

la danse ______________________

déménager ______________________

trouver ______________________

visiter ______________________

une chanson ______________________

Suche mindestens sechs Wörter heraus, die vom Deutschen ableitbar sind. Markiere die Unterschiede.
Zum Beispiel: la Poste – die Post.

____

____

____

____

Was passt zusammen? Verbinde die Wörter zu sinnvollen Ausdrücken und übersetze sie anschließend.

prendre	la tête
avoir	en retard
être	des notes
faire	des idées noires

____

____

____

____

LEÇON 2

Sachfeld *Verkehrsmittel.* Beschrifte die Abbildungen und vergiss dabei den Artikel nicht. Ergänze mindestens zwei weitere Wörter und zeichne Bilder dazu. Du kannst in der Wortliste im Schülerbuch nachsehen.

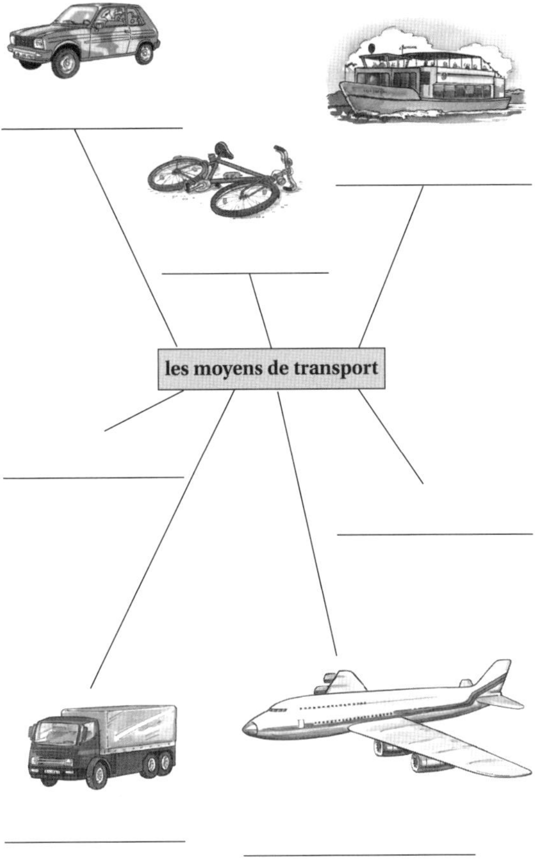

LEÇON 2

Vervollständige die Sätze mit den fehlenden Wörtern.

Wir *haben nur* 4 Euro.

Nous ______________________________ 4 euros.

Ich muss in zehn Minuten (weg)gehen.

Je ______________________________ .

Hast du meinen Brief *empfangen*?

______________________________ ma lettre?

Emma *schickt uns Fotos* aus Toulouse.

Emma ______________________________ de Toulouse.

Das Radio *funktioniert nicht mehr.*

La radio ______________________________ .

M. Carbonne geht *in den Keller* hinunter.

M. Carbonne descend ______________________________ .

Das ist *ein trauriger Film.*

C'est ______________________________ .

Diese Wörter fand ich in *Leçon 2* besonders …

schwer zu merken	schön

LEÇON 3

*Lerne die Vokabeln konzentriert für **10 Minuten**. Mache dann etwas anderes, aber nicht Computer spielen oder fernsehen! Lerne später **noch einmal** für 10 Minuten.*

Entrée: Vivre à Toulouse

vivre [vivʀ]	leben

vivre:** je vis, tu vis, il vit, nous vivons, vous vivez, ils vivent; j'ai **vécu

une **personne** [ynpɛʀsɔn]	eine Person
un **match** [ɛ̃matʃ]	ein Wettkampf/ein Spiel
le **rugby** [ləʀygbi]	das Rugby *Ballspiel*
un **stade** [ɛ̃stad]	ein (Sport)Stadion
une **équipe** [ynekip]	eine Mannschaft/ein Team
un **fan**/une **fan** [ɛ̃fan/ynfan]	ein Fan
saluer qn [salɥe]	jdn. grüßen/begrüßen

Texte A: Bienvenue à Blagnac!

un **garage** [ɛ̃gaʀaʒ]	eine Garage/eine Autowerkstatt
le **coup de foudre** [ləkudfudʀ]	Liebe auf den ersten Blick *(wörtl. „der Blitzschlag")*
avoir le coup de foudre pour qn/qc	sich auf den ersten Blick in jdn. verlieben
une **réparation** [ynʀepaʀasjɔ̃]	eine Reparatur
un **Italien**/une **Italienne** [ɛ̃nitaljɛ̃/ynitaljɛn]	ein Italiener/eine Italienerin

***un Italien/une Italienne:** die Einwohner schreibt man immer mit großem Anfangsbuchstaben: les Parisiens, les Allemands, les Français usw.*

qui [ki]	der, die, das *Relativpronomen, Subjekt*

LEÇON 3

refaire qc [ʀəfɛʀ]	etw. erneuern/neu machen/ noch einmal machen
la **peinture** [lapɛ̃tyʀ]	die Farbe *zum Anmalen*
une **sortie** [ynsɔʀti]	Ausgang
cool *(fam.)* [kul]	cool *(ugs.)*
reconnaître qc [ʀəkɔnetʀ]	etw. wieder erkennen
plaire à qn [plɛʀ]	jdm. gefallen

***plaire** kommt meistens in der 3. Person vor:*
ton idée me plaît / tes idées me plaisent

connaître qc [kɔnɛtʀ]	etw. kennen

connaître:** je connais, tu connais, il connaît, nous connaissons, vous connaissez, ils connaissent; j'ai **connu

ne rien connaître à qc	nichts von etw. verstehen
la **mode** [lamɔd]	die Mode
une **surprise** [ynsyʀpʀiz]	eine Überraschung
que [kə]	den, die, das *Relativpronomen, Objekt*
partout [paʀtu]	überall
un **conducteur**/une **conductrice** [ɛ̃kõdyktœʀ/ ynkõdyktʀis]	ein Fahrer/eine Fahrerin
passer [pase]	vorbeigehen/-fahren/-kommen
un **tour** [ɛ̃tuʀ]	eine Tour/ein Rundgang
gratuit/gratuite [gʀatɥi/ gʀatɥit]	kostenlos/gratis
où [u]	wo *Relativpronomen*
imiter qc [imite]	etw. nachahmen
sûr/sûre [syʀ/syʀ]	sicher
tout à l'heure [tutalœʀ]	vorhin/eben; gleich/nachher
une **médiathèque** [ynmedjatɛk]	eine Mediathek.
à côté [akote]	neben/nebenan
à côté de [akotedə]	neben
un **arrêt** [ɛ̃naʀɛ]	ein Halt/eine Haltestelle

LEÇON 3

	revoir qc [ʀəvwaʀ]	jdn. wieder sehen

> ***revoir** wird konjugiert wie **voir**:*
> *je **revois**, nous **revoyons**; j'ai **revu***

	amoureux/amoureuse [amuʀø/amuʀøz]	verliebt

Pratique A

3	un **directeur**/une **directrice** [ɛ̃diʀɛktœʀ/yndiʀɛktʀis]	ein Direktor/eine Direktorin
	un/une **pilote** [ɛ̃pilɔt/ynpilɔt]	ein Pilot/eine Pilotin
	un **vol** [ɛ̃vɔl]	ein Flug
5	une **devinette** [yndəvinɛt]	ein Rätsel
8	un **sentiment** [ɛ̃sɑ̃timɑ̃]	ein Gefühl
9	**entre** [ɑ̃tʀ]	zwischen
	jeune [ʒœn]	jung
	un/une **jeune** [ɛ̃ʒœn/ynʒœn]	ein Jugendlicher/eine Jugendliche

Texte B: Le premier rendez-vous

penser à qn [pɑ̃se]	an jdn. denken
mignon/mignonne [miɲɔ̃/miɲɔn]	süß/niedlich
parler de qc [paʀle]	über etw. sprechen
un **programme** [ɛ̃pʀɔgʀam]	ein Programm
avoir mal [avwaʀmal]	Schmerzen haben
pauvre [povʀ]	arm
Oh, la pauvre! [olapovʀ]	Ach, die Arme!
ce, **cet**, **cette**, **ces** [sə/sɛt/se]	diese(r), dieses *(Demonstrativbegleiter)*

> ***ce soir/ce matin/cet après-midi:***
> *Im Zusammenhang mit Tageszeiten bedeutet **ce** „heute“:*
> *heute Abend/heute Morgen/heute Nachmittag.*

un **ballon** [ɛ̃balɔ̃]	ein Ball

LEÇON 3

tant mieux [tɑ̃mjø]	umso besser
nouveau/nouvel/nouvelle [nuvo/nuvɛl]	neu
un **album** [ɛ̃nalbɔm]	ein Album, *(hier)* eine CD
faire les magasins *(fam.)* [fɛʀlemagazɛ̃]	die Geschäfte abklappern *(ugs).*
un **DVD** [ɛ̃devede]	eine DVD
beau/bel/belle [bo/bɛl]	schön
Ça te dit? [satədi]	Hast du Lust dazu? Sagt dir das zu?
par exemple [paʀɛgzɑ̃pl]	zum Beispiel
vieux/vieil/vieille [vjø/vjɛj]	alt
quel, **quels**, **quelle**, **quelles** [kɛl]	welcher, welche, welches *(Fragebegleiter)*
un **trimestre** [ɛ̃tʀimɛstʀ]	ein Trimester (frz. Schuljahr)
important/importante [ɛ̃pɔʀtɑ̃/ɛ̃pɔʀtɑ̃t]	wichtig
bien sûr [bjɛ̃syʀ]	sicherlich/Na klar!
l'**avenir** *(m.)* [lavniʀ]	die Zukunft
l'**amour** *(m.)* [lamuʀ]	die Liebe
Tu es un amour! *(fam.)*	Du bist ein Schatz! *(ugs.)*

Pratique B

2 **pratique** [pʀatik]	praktisch
6 un **bureau des objets trouvés** [ɛ̃byʀodezɔbʒɛtʀuve]	ein Fundbüro

Markiere die maskulinen Nomen blau und die femininen rot. Gibt es Nomen, die du schwierig findest? Notiere sie hier.

LEÇON 3

Welche *Berufsbezeichnungen* kommen in *Leçon 3* vor? Notiere und übersetze sie.

____

____

____

Welche anderen Berufe kennst du?

____

____

Welche Wörter aus *Leçon 3* gehören zum Sachfeld *un match?*

un match

Die „verflixten" kleinen Wörter. Übersetze.

überall ________________

vorhin; gleich/nachher ________________

sicherlich/Na klar! ________________

umso besser ________________

LEÇON 3

Sachfeld *Liebe*. Nenne mindestens fünf Wörter/Wendungen.

aimer bien

adorer qn

Markiere alle *Adjektive* dieser Lektion mit Bleistift. Ordne sie anschließend zu.

Verschiedene Formen für *m.* und *f.*	Gleiche Form für *m.* und *f.*	Unregelmäßig

LEÇON 3

Gibt es in *Leçon 3* Verben, die du schwierig findest? Notiere sie hier mit ihren Formen.

je	________________	________________
tu	________________	________________
il/elle/on	________________	________________
nous	________________	________________
vous	________________	________________
ils/elles	________________	________________

Welche Ortsangaben kennst du? Schreibe sie in die Kästchen hinein. Wenn du ein Wort nicht weißt, kannst du in deinem Schülerbuch in der Wortliste nachschauen.

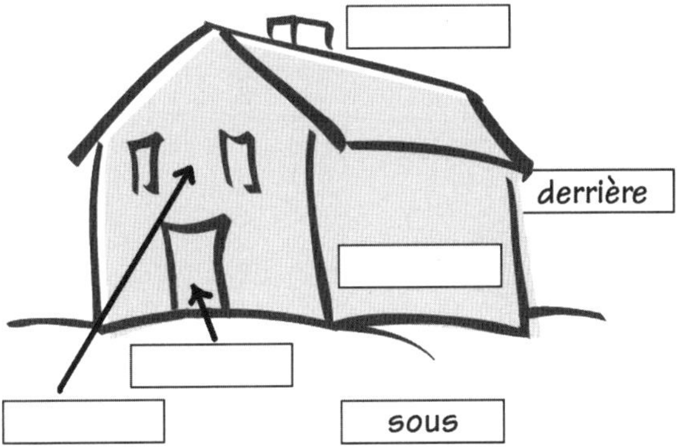

Du kennst drei Relativpronomen. Notiere sie und bilde mit jedem einen Satz.

LEÇON 4

*Bilde mit den Vokabeln **Sätze** oder einen **Reim**, z. B. «Le soir, je fais mes devoirs.»*

Entrée: La classe fait du cinéma.

le/la **4e** = *le/la quatrième* [lə/ lakatʀijɛm]	der/die/das vierte
un **pays** [ɛ̃pei]	ein Land
montrer qc à qn [mõtʀe]	jdm. etw. zeigen
malade [malad]	krank

Texte: Une journée de Cécile

présenter qc à qn [pʀezɑ̃te]	jdm. etw. vorstellen
tout, **toute** [tu/tut]	ganz *(+ Nomen)*
tous, **toutes** [tu/tut]	alle *(+ Nomen)*
être en train de faire [ɛtʀɑ̃tʀɛ̃dəfɛʀ]	gerade etw. tun
un **petit-déjeuner** [ɛ̃pətideʒœne]	ein Frühstück
finir qc [finiʀ]	etw. beenden

***finir**: je finis, tu finis, il finit, nous finissons, vous finissez, ils finissent; j'ai fini*

venir de faire qc [vəniʀdəfɛʀ]	gerade etw. getan haben
rater qc [ʀate]	etw. verpassen
chaque [ʃak]	jeder/jede/jedes + *Nomen*
réussir à faire qc [ʀeysiʀ]	gelingen etw. zu tun/etw. fertig bringen

***réussir** wird konjugiert wie **finir**: je réussis, nous réussissons; j'ai réussi*

tout le monde [tulmõd]	alle/jeder/alle Welt
les **maths** *(f.) (pl.) (fam.)* [lemat]	Mathe *(ugs.)*
la **permanence** [lapɛʀmanɑ̃s]	beaufsichtigte Freistunde

LEÇON 4

une **salle de permanence** [ynsaldəpɛʀmanɑ̃s]	Aufenthaltsraum
rire [ʀiʀ]	lachen

rire**: je ris, tu ris, il rit, nous rions, vous riez, ils rient; j'ai **ri

un **pion** [ɛ̃pjɔ̃]	eine Aufsichtsperson
une **nuit** [ynnɥi]	eine Nacht
réfléchir [ʀefleʃiʀ]	nachdenken/überlegen

réfléchir** wird konjugiert wie **finir**: je réfléchis, nous réfléchissons; j'ai **réfléchi

un **cours** [ɛ̃kuʀ]	eine Unterrichtsstunde
en cours [ɑ̃kuʀ]	im Unterricht
une **science** [ynsiɑ̃s]	eine Wissenschaft
la **terre** [latɛʀ]	die Erde
SVT [ɛsvete]	Biologie/Naturkunde
un **exposé** [ɛ̃nɛkspoze]	ein Referat
une **araignée** [ynaʀeɲe]	eine Spinne
gros/grosse [gʀo/gʀos]	dick
dangereux/dangereuse [dɑ̃ʒʀø/dɑ̃ʒʀøz]	gefährlich
avoir marre de qc [ɑ̃navwaʀmaʀ]	von etwas die Nase voll haben *(ugs.)*
une **bêtise** [ynbɛtiz]	eine Dummheit
une **nouille** [ynnuj]	eine Nudel
un **gratin** [ɛ̃gʀatɛ̃]	ein Auflauf
les **choux de Bruxelles** *(m., pl.)*	der Rosenkohl
détester qc [detɛste]	etw. verabscheuen/überhaupt nicht mögen
sauf [sof]	außer
un **dessert** [ɛ̃desɛʀ]	ein Nachtisch
un **chou à la crème** [ɛ̃ʃualakʀɛm]	ein Windbeutel
la **récréation** *(fam.: la récré)* [laʀekʀeasjɔ̃]	die Pause

	la **géographie** *(fam.: la géo)* [laʒeɔgʀafi]	die Geographie/die Erdkunde
	une **souris** [ynsuʀi]	eine Maus
	avoir horreur de qc [avwaʀɔʀœʀ]	etw. verabscheuen/nicht ausstehen können
	continuer à faire qc [kɔ̃tinɥe]	etw. weitermachen/fortfahren etw. zu tun
	choisir qc [ʃwaziʀ]	etw. wählen/aussuchen

***choisir** wird konjugiert wie **finir**: je choisis, nous choisissons, j'ai choisi*

	applaudir qn [aplodiʀ]	jdm. Beifall klatschen

***applaudir** wird konjugiert wie **finir**: j'applaudis, nous applaudissons, j'ai applaudi*

Pratique

2	le/la **même** [lə/lamɛm]	der/die/dasselbe
	par semaine [paʀsəmɛn]	pro Woche/wöchentlich
	Amicalement. [amikalmɑ̃]	Herzliche Grüße! *(Grußformel in einem persönlichen Brief)*
3	un **personnage** [ɛ̃pɛʀsɔnaʒ]	eine Figur/eine Persönlichkeit
4	**par e-mail** [paʀimɛl]	per E-Mail
	un **Français**/une **Française** [ɛ̃fʀɑ̃sɛ/ynfʀɑ̃sɛz]	ein Franzose/eine Französin

***le français** (kleingeschrieben): das Französische*
***le Français** (großgeschrieben): der Franzose*

5	**indiquer** qc à qn [ɛ̃dike]	jdm. etw. anzeigen/jdm. eine Angabe machen
6	**quelqu'un** [kɛlkɛ̃]	jemand
	autre chose [otʀəʃoz]	etw. anderes
	demander à qn de faire qc [dəmɑ̃de]	jdn. darum bitten etwas zu tun
7	**juste** [ʒyst]	gerecht

	dur/dure [dyʀ]	hart
8	le **matériel** [ləmateʀjɛl]	das Material/die Ausrüstung
	suivant/suivante [sɥivɑ̃/sɥivɑ̃t]	folgender/folgende/folgendes
9	un **proverbe** [ɛ̃pʀɔvɛʀb]	ein Sprichwort
	intéressant/intéressante [ɛ̃teʀɛsɑ̃/ɛ̃teʀɛsɑ̃t]	interessant
	sûrement [syʀmɑ̃]	sicher/sicherlich *(Adv.)*
	la **chasse** [laʃas]	die Jagd
10	une **réaction** [ynʀeaksjɔ̃]	eine Reaktion
11	une **libération** [ynlibeʀasjɔ̃]	eine Befreiung
	un **objet** [ɛ̃nɔbʒɛ]	ein Gegenstand; Betreff *(in einem offiziellen Brief)*
	Mesdames, Messieurs, … [medammesjø]	Sehr geehrte Damen und Herren, …
	une **cassette** [ynkasɛt]	eine Kassette
	un **parc national** [ɛ̃paʀknasjɔnal]	ein Nationalpark
	cordial/cordiale [kɔʀdjal]	herzlich
	Salutations cordiales. [salytasjɔ̃kɔʀdjal]	Mit herzlichen Grüßen *(Grußformel)*
12	un **article** [ɛ̃naʀtikl]	ein Artikel
	toujours [tuʒuʀ]	immer noch
	adorer faire qc [adɔʀe]	etw. sehr gern tun
13	un **roman** [ɛ̃ʀɔmɑ̃]	ein Roman

✎ **Notiere mindestens vier Wörter, die du vom Deutschen ableiten kannst.**

____

____

____

____

LEÇON 4

Mache im Vokabular der *Leçon 4* Kringel um alle Verben, die auf *-ir* enden. Wähle dann eines dieser Verben aus und konjugiere es.

je	________________	nous	________________
tu	________________	vous	________________
il/elle/on	________________	ils/elles	________________

Und wie lautet das *Passé composé*? ________________

Verben mit indirektem Objekt. Übersetze.

Der Lehrer bittet Jérémie den Text zu lesen.

____

Wir zeigen den Austauschschülern die Stadt.

____

Jan stellt der Klasse seine Zusammenfassung vor.

____

Die Aufsichtsperson gefällt den Schülern nicht.

____

Lisa schreibt eine E-Mail an ihren Freund.

____

LEÇON 4

Stelle die Anrede- und Schlussformeln für Briefe zusammen.

Anredeformeln:

Schlussformeln:

Ordne den Kategorien passende Verben zu.
Infinitivanschluss ohne Präposition:

aimer faire qc

Infinitivanschluss mit der Präposition *à*:

Infinitivanschluss mit der Präposition *de*:

LEÇON 4

Sachfeld Schule. Notiere mindestens fünf Wörter.

LEÇON 5

*Lerne Vokabeln in **Vokabelnetzen**. Lege die Vokabelnetze so groß an, dass du sie später durch neue Wörter erweitern kannst.*

Entrée: La cuisine française

une **banane** [ynbanan]	eine Banane
le **beurre** [ləbœʀ]	die Butter
le **chocolat** [ləʃɔkɔla]	die Schokolade
la **crème chantilly** [lakʀɛmʃɑ̃tiji]	die Schlagsahne
la **farine** [lafaʀin]	das Mehl
le **lait** [ləlɛ]	die Milch
un **œuf**/des **œufs** [ɛ̃nœf/dezø]	ein Ei
une **orange** [ynɔʀɑ̃ʒ]	eine Orange
une **salade** [ynsalad]	ein Salat
le **sel** [ləsɛl]	das Salz
le **poivre** [ləpwavʀ]	der Pfeffer
le **sucre** [ləsykʀ]	der Zucker/das Zuckerstück
une **tomate** [yntɔmat]	eine Tomate
une **recette** [ynʀəsɛt]	ein Rezept *Küche*
faire les courses [fɛʀlekuʀs]	einkaufen

***les courses:** Papa fait les courses. (Einkäufe)*
***la cour:** Mon frère joue dans la cour. (Hof)*
***le cours:** Moi, j'ai un cours de français. (Unterricht, Kurs)*

ranger [ʀɑ̃ʒe]	aufräumen

***ranger** wird konjugiert wie **manger**: je range, nous rangeons; j'ai rangé*

Texte: Un gâteau et un cadeau

être né(e) [ɛtʀəne]	geboren werden
difficile [difisil]	schwierig

LEÇON 5

faire peur à qn [fɛʀpœʀ]	jdm. Angst machen
réfléchir à qc [ʀefleʃiʀ]	über etw. nachdenken
un **menu** [ɛ̃məny]	ein Menü
une **entrée** [ynɑ̃tʀe]	*(hier)* eine Vorspeise
un **plat principal** [ɛ̃plapʀɛ̃sipal]	ein Hauptgericht
un **canard** [ɛ̃kanaʀ]	eine Ente
une **pomme** [ynpɔm]	ein Apfel
une **pomme de terre** [ynpɔmdətɛʀ]	eine Kartoffel
ensuite [ɑ̃sɥit]	dann/danach
le **fromage** [ləfʀɔmaʒ]	der Käse
une **boisson** [ynbwasɔ̃]	ein Getränk
l'**eau minérale** *(f.)* [lomineʀal]	das Mineralwasser
un **jus** [ɛ̃ʒy]	ein Saft
le **jus d'orange** [ləʒydɔʀɑ̃ʒ]	der Orangensaft
le **vin** [ləvɛ̃]	der Wein
préférer qc [pʀefeʀe]	etw. vorziehen/lieber mögen
préférer faire qc	etw. lieber tun

> ***préférer**: je préfère, tu préfères, il préfère, nous préférons, vous préférez, ils préfèrent; j'ai préféré*

annoncer qc [anɔ̃se]	etw. ankündigen

> ***annoncer** wird konjugiert wie **commencer**:*
> *j'annonce, nous annonçons; j'ai annoncé*

un **marché** [ɛ̃maʀʃe]	ein Markt
un **fruit** [ɛ̃fʀɥi]	eine Frucht/Obstsorte
un **légume** [ɛ̃legym]	ein Gemüse
un **marchand**/une **marchande** [ɛ̃maʀʃɑ̃/ynmaʀʃɑ̃d]	ein Händler
falloir [falwaʀ]	brauchen/müssen

***il faut** qc* [ilfo]	*man braucht etw.*
***il faut** qc à qn*	*jd. braucht etw.*
***il faut faire** qc*	*man muss etw. tun*

LEÇON 5

délicieux/délicieuse [delisjø/delisjøz]	köstlich
j'**en** prends deux kilos [ʒɑ̃pʀɑ̃døkilo]	Ich nehme (davon) zwei Kilo.
un **kilo** [ɛ̃kilo]	ein Kilo
des **herbes de Provence** *(f.)*	Kräuter der Provence
combien de [kɔ̃bjɛ̃də]	wie viel(e)
pendant ce temps [pɑ̃dɑ̃sətɑ̃]	währenddessen, während dieser Zeit
un **saladier** [ɛ̃saladje]	eine Salatschüssel
ajouter qc [aʒute]	etw. hinzufügen
comme [kɔm]	da/weil
goûter qc [gute]	etw. probieren/kosten
une **cata(strophe)** [ynkatastʀɔf]	eine Katastrophe
appeler qn [apəle]	jdn. (an)rufen

***appeler**: j'appe**lle**, tu appe**lles**, il appe**lle**, nous appelons, vous appelez, ils appe**llent**; j'ai appelé*

en vacances [ɑ̃vakɑ̃s]	in den Ferien
ne … personne [nə…pɛʀsɔn]	niemand
une **boulangerie** [ynbulɑ̃ʒʀi]	eine Bäckerei
le **pain** [ləpɛ̃]	das Brot
une **baguette** [ynbagɛt]	ein Baguette
un **grand-père** [ɛ̃gʀɑ̃pɛʀ]	ein Großvater
une **bougie** [ynbuʒi]	eine Kerze
manquer [mɑ̃ke]	fehlen
il manque qc [ilmɑ̃k]	es fehlt etw.
la **santé** [la sɑ̃te]	die Gesundheit

A ta santé! [atasɑ̃te] – *Auf dein Wohl!/Prost!*
*Wenn man jdn. siezt oder mehrere Personen anspricht, sagt man A **votre** santé! Manchmal benutzt man auch nur die Kurzform: Santé!*

avoir soif [avwaʀswaf]	Durst haben

LEÇON 5

Pratique

1	un **intrus** [ɛ̃nɛ̃tʀy]	ein Eindringling
	une **glace** [ynglas]	ein Eis
	le **magret de canard** [ləmagʀɛdəkanaʀ]	die Entenbrust
2	**répéter** qc [ʀepete]	etw. wiederholen

> ***répéter**: je rép**è**te, tu rép**è**tes, il rép**è**te, nous rép**é**tons, vous rép**é**tez, ils rép**è**tent; j'ai répété*

	un **SMS** [ɛ̃ɛsɛmɛs]	eine SMS
5	un **gramme** [ɛ̃gʀam]	ein Gramm
6	**A tes souhaits!** [ateswɛ]	Gesundheit!

> *Wenn man jdn. siezt oder mehrere Personen anspricht, sagt man A **vos** souhaits!*

	Bon appétit! [bɔnapeti]	Guten Appetit!
7	une **brasserie** [ynbʀasʀi]	eine Gaststätte
	une **tarte aux pommes** [yntaʀtopɔm]	ein Apfelkuchen
11	un **roi** [ɛ̃ʀwa]	ein König
	le/la **deuxième** [døzjɛm]	der, die, das zweite
12	un **pique-nique** [ɛ̃piknik]	ein Picknick
13	**travailler** sur qc [tʀavaillesyʀ]	etw. erarbeiten, an etw. arbeiten

✎ **Welche Zutaten benötigst du, um *crêpes* zu machen? Verwende den Teilungsartikel, wo nötig.**

Il me faut ____

____

____

____

LEÇON 5

Was kann man auf dem Markt kaufen? Notiere sechs Wörter. Sind sie männlich *(m.)* oder weiblich *(f.)*?

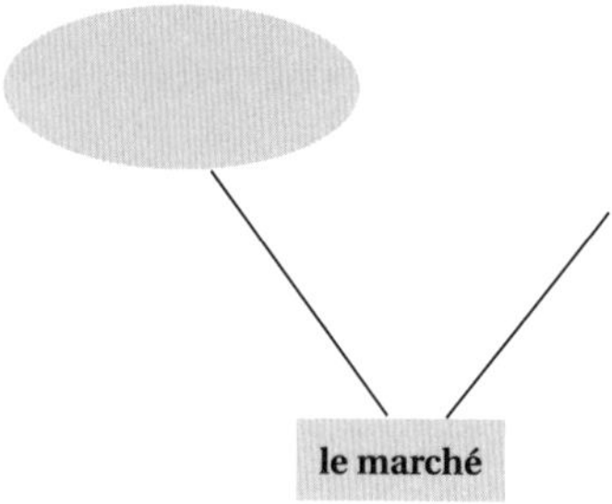

Du hast in *Leçon 5* eine neue Verneinung mit *ne …* kennen gelernt. In *Leçon 1* waren drei neue Verneinungen mit *ne …* Welche weiteren kennst du? Notiere mindestens sechs.

Bilde mit drei dieser Verneinungen jeweils einen kurzen Satz.

LEÇON 5

✎ **Erstelle eine französische Speisekarte mit Vorspeise, Hauptgericht, Nachtisch und Getränken.**

Kennst du *mots-images*? Ein *mot-image* ist die Verbindung eines geschriebenen Wortes mit einer bildlichen Darstellung seiner Bedeutung.
Zum Beispiel:

Die *mots-images* können dir helfen, Wörter besser im Gedächtnis zu behalten.

Fertige zu folgenden Wörtern *mots-images* an:

une bougie

une pomme

Suche weitere Wörter/Ausdrücke aus dem Vokabular bis *Leçon 5* und gestalte sie als *mot-images*.

LEÇON 5

Notiere jeweils ein Wort aus derselben Wortfamilie.

une annonce ______________________

un saladier ______________________

un marchand ______________________

une boisson ______________________

Was sagt man, …

– am Tisch bevor man isst?

____

– wenn jemand niest?

____

– wenn man mit mehreren Personen vor dem Trinken mit den Gläsern anstößt?

____

Diese Wörter fand ich in *Leçon 5* besonders …

schwer zu merken	komisch	schön

LEÇON 6

*Lerne Vokabeln **regelmäßig**, z. B. jeden Tag von 18.00 Uhr bis 18.10 Uhr oder 10 Minuten vor dem Einschlafen.*

Entrée: Communiquer

communiquer *avec qn* [kɔmynike]	*mit jdn.* kommunizieren, Nachrichten austauschen
la **fête de la musique** [lafɛtdəlamyzik]	die «Fête de la musique» *(Straßenfest in Frankreich)*
seul/seule [sœl]	allein
apporter qc à qn [apɔʀte]	jdn. etw. (mit)bringen

Texte: Rendez-vous manqué

manqué/manquée [mɑ̃ke]	verpasst/fehlgeschlagen
une **chaîne de télévision** [ynʃɛndətelevizjɔ̃]	ein Fernsehsender
installer qc [ɛ̃stale]	etw. aufstellen, installieren
une **scène** [ynsɛn]	*(hier)* eine Bühne
un **écran** [ɛ̃nekʀɑ̃]	ein Bildschirm, eine Leinwand
une **barbe** [ynbaʀb]	ein Bart
Quelle barbe! *(fam.)* [kɛlbaʀb]	Wie langweilig! *(ugs.)*
un **avis** [ɛ̃navi]	eine Meinung
à mon avis [amɔnavi]	meiner Meinung nach
un **supermarché** [ɛ̃sypɛʀmaʀʃe]	ein Supermarkt
croire qc [kʀwaʀ]	etw. glauben

croire**: je crois, tu crois, il croit, nous croyons, vous croyez, ils croient; j'ai **cru

gagner qc [gaɲe]	etw. gewinnen
le/la **troisième** [tʀwazjɛm]	der/die/das dritte
un **message** [ɛ̃mɛsaʒ]	eine Mitteilung, eine Nachricht
un **prix** [ɛ̃pʀi]	ein Preis
Tu parles! *(fam.)*	Von wegen! *(ugs.)*

LEÇON 6

	pour une fois que [puʀynfwakə]	wenn … (schon) einmal
	couper qc [kupe]	etw. schneiden, *(hier)* unterbrechen (die Verbindung)
	fatigué/fatiguée [fatige]	müde
	la **chaleur** [laʃalœʀ]	die Hitze
	un **pompier**/une **pompière** [ɛ̃pɔ̃pje/ynpɔ̃pjɛʀ]	ein Feuerwehrmann/eine Feuerwehrfrau
	une **foule** [ynful]	eine (Menschen)Menge
	jusque [ʒysk]	bis
	un **musicien**/une **musicienne** [ɛ̃myzisjɛ̃/ynmyzisjɛn]	ein Musiker/eine Musikerin

Pratique

2	un **poète** [ɛ̃pɔɛt]	ein Dichter/eine Dichterin
3	une **ambiance** [ynɑ̃bjɑ̃s]	eine Stimmung/Atmosphäre
	préféré/préférée [pʀefeʀe]	bevorzugt/Lieblings-
4	le **tennis** [lətenis]	das Tennis
6	**copier** qc [kɔpje]	etw. kopieren, abschreiben
	l'**argent** *(m.)* [laʀʒɑ̃]	das Geld
	gagner qc [gaɲe]	*(hier)* etw. verdienen
8	un **mètre** [ɛ̃mɛtʀ]	ein Meter
10	les **dieux** *(m.)* [ledjø]	die Götter
	un **test** [ɛ̃tɛst]	ein Test
	une **différence** [yndifeʀɑ̃s]	ein Unterschied
11	un **fils** [ɛ̃fis]	ein Sohn

Nenne vier Vokabeln, die du vom *Englischen ableiten* kannst.

________________________ ________________________

________________________ ________________________

LEÇON 6

Notiere jeweils ein Wort aus derselben *Wortfamilie*

la musique ______________________

un poème ______________________

un kilomètre ______________________

manquer ______________________

porter ______________________

une fille ______________________

Welche Wortverbindungen ergeben Sinn?
Suche die Verbindungen und bilde jeweils einen Satz.

jouer	de l'argent
installer	un message
être	des notes
envoyer	un prix
gagner	au tennis
prendre	de ton avis
recevoir	un ordinateur

____

____

____

____

____

____

____

LEÇON 6

Sachfeld *télévision*. Notiere mindestens vier Wörter. Schaue auch in anderen Lektionen nach.

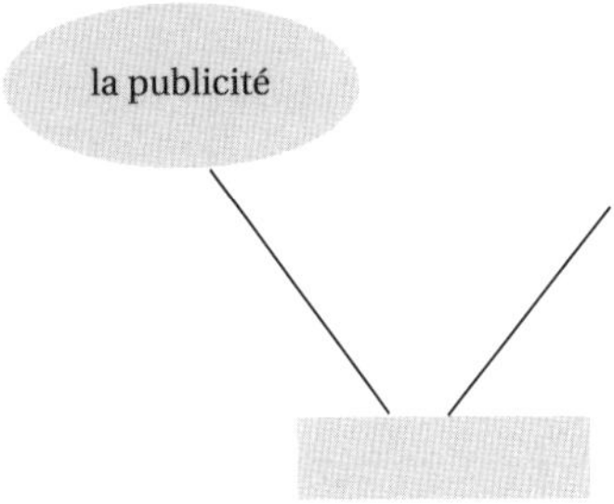

Übersetze.

Glaubt ihr, dass Cécile eine Chance hat?

____

Nein, ich glaube nicht.

____

Amandine ist müde.

____

Ich habe kein Geld mehr.

____

LEÇON 7

Verbinde in deinem Kopf die Vokabel – wenn immer es möglich ist – mit einem ***Bild****. Das hilft dir sie zu behalten.*

Entrée: Aventures dans les Pyrénées

une **aventure** [ynavɑ̃tyʀ]	ein Abenteuer
un **ours** [ɛ̃nuʀs]	ein Bär
le **sud** [ləsyd]	der Süden
au sud de [osyddə]	südlich von
un **dictionnaire** [ɛ̃diksjɔnɛʀ]	ein Wörterbuch
Qu'est-ce qui …? [kɛski]	Was …? *Fragepronomen, Subjekt ist eine Sache*
la **mer** [lamɛʀ]	das Meer
Qui est-ce qui …? [kiɛski]	Wer …? *Fragepronomen, Subjekt ist eine Person*
un **terrain de camping** [ɛ̃tɛʀɛ̃dəkɑ̃piŋ]	ein Campingplatz
Qui est-ce que …? [kiɛskə]	Wer …? *Fragepronomen, Objekt ist eine Person*
contacter qn [kɔ̃takte]	mit jdm. in Verbindung treten
un **office de tourisme** [ɛ̃nɔfisdətuʀism]	ein Fremdenverkehrsamt
une **arobase** [ynaʀɔbaz]	@ (=„at") *Zeichen (in E-Mails)*
De rien. [dəʀjɛ̃]	Bitte!/Gern geschehen.

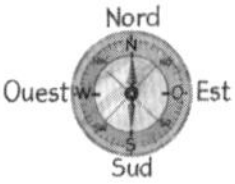

Texte A: Un long week-end à la montagne

à la montagne [alamɔ̃taɲ]	in den Bergen
le **vent** [ləvɑ̃]	der Wind
une **forêt** [ynfɔʀɛ]	ein Wald
une **halte** [yn alt]	ein Halt/eine Rast
un **chalet** [ɛ̃ʃalɛ]	eine (Berg)Hütte
avoir besoin de qc [avwaʀbəswɛ̃]	etw. brauchen
un **vêtement** [ɛ̃vɛtmɑ̃]	ein Kleidungsstück
la **pluie** [laplɥi]	der Regen

LEÇON 7

un **vêtement de pluie**	eine Regenkleidung [ɛ̃vɛtmɑ̃dəplɥi]
une **trace** [yntʀas]	eine Spur
pleurer [plœʀe]	weinen
qc arrive à qn [aʀiv]	etw. geschieht/passiert jdm.
c'est … qui	*Mit dieser Wendung kannst du ein Subjekt hervorheben.*
un/une **guide** [gid]	ein Führer/eine Führerin
dire qc **dans sa barbe** [dɑ̃sabaʀb]	etw. undeutlich sagen
c'est … que	*Mit dieser Wendung kannst du ein Objekt oder ein Adverb hervorheben.*

Pratique A

4	**mettre qc en relief** [mɛtʀɑ̃ʀəljɛf]	etw. hervorheben
5	**décrire** qc [dekʀiʀ]	etw. beschreiben
6	un **feu**/des **feux** [ɛ̃fø/defø]	ein Feuer; *(hier)* Ampel
	un **carrefour** [ɛ̃kaʀfuʀ]	eine Kreuzung *(hier) frz. Supermarkt-Kette*
	faire **demi-tour** [dəmituʀ]	wenden/umdrehen
	un **point** [ɛ̃pwɛ̃]	ein Punkt

Texte B: Aventures

se trouver [sətʀuve]	sich befinden
la **chlorophylle** [laklɔʀɔfil]	das Chlorophyll/Blattgrün
une **feuille** [ynfœj]	ein Blatt
un **fil** [ɛ̃fil]	ein Faden/eine Schnur
y [i]	dort/dorthin
découvrir qc [dekuvʀiʀ]	etw. entdecken

> ***découvrir*** *wird konjugiert wie* ***ouvrir:*** *je découvre, nous découvrons; j'ai* ***découvert***

LEÇON 7

se promener [səpʀɔmne]	spazieren gehen

se promener: je ***me*** *promène, tu* ***te*** *promènes, il* ***se*** *promène, nous* ***nous*** *promenons, vous* ***vous*** *promenez, ils* ***se*** *promènent; je me* ***suis*** *promené.*

un **pont** [ɛ̃pɔ̃]	eine Brücke
s'amuser [samyze]	sich vergnügen/amüsieren
un **fou**/une **folle** [ɛ̃fu/ynfɔl]	ein Verrückter/eine Verrückte
un **pied** [ɛ̃pje]	ein Fuß
se disputer [sədispyte]	sich streiten (mit jdm.)
un **parcours** [ɛ̃paʀkuʀ]	eine Strecke; ein Durchgang
s'éloigner [selwaɲe]	sich entfernen
jaloux/jalouse (de qn) [ʒalu/ʒaluz]	eifersüchtig (auf jdn.)
construire qc [kɔ̃stʀɥiʀ]	etw. bauen

construire*: je construis, tu construis, il construit, nous construisons, vous construisez, ils construisent; j'ai construit*

se cacher [səkaʃe]	sich verstecken
sans rien faire [sɑ̃fɛʀ]	ohne etw. zu tun
se passer [səpase]	geschehen/sich ereignen
une **jambe** [ynʒɑ̃b]	ein Bein
Aïe! [ai]	Aua!
un **trou** [ɛ̃tʀu]	ein Loch
une **ambulance** [ynɑ̃bylɑ̃s]	ein Krankenwagen
conduire qn [kɔ̃dɥiʀ]	jdn. fahren; jdn. führen

conduire *wird konjugiert wie* ***construire****: je conduis, nous conduisons; j'ai conduit*

un **hôpital** [ɛ̃nɔpital]	ein Krankenhaus
un **accident** [ɛ̃naksidɑ̃]	ein Unfall
cassé/cassée [kase]	gebrochen/zerbrochen
le **plâtre** [ləplatʀ]	der Gips; Gipsverband
une **béquille** [ynbekij]	eine Krücke
si [si]	wenn, falls
une **douleur** [yndulœʀ]	ein Schmerz

C'est (de) sa faute. [sɛdəsafot]	Das ist seine/ihre Schuld.
se lever [sələve]	aufstehen; *(hier)* sich erheben, (Wind) aufkommen

> ***se lever:*** *je me lève, tu te lèves, il se lève, nous nous levons, vous vous levez, ils se lèvent; je me suis levé*

le **tonnerre** [lətɔnɛʀ]	der Donner
un **éclair** [ɛ̃neklɛʀ]	ein Blitz
un **orage** [ɛ̃nɔʀaʒ]	ein Gewitter
la **panique** [lapanik]	die Panik

Pratique B

2 **prochain/prochaine** [pʀɔʃɛ̃/pʀɔʃɛn]	nächster/nächste/nächstes

> ***Vor*** *dem Nomen: On descend à la* ***prochaine station.***
> ***Nach*** *dem Nomen: La* ***semaine prochaine/lundi prochain***

4 la **grippe** [lagʀip]	die Grippe
une **ordonnance** [ynɔʀdɔnɑ̃s]	ein Rezept *(vom Arzt)*
le **ventre** [ləvɑ̃tʀ]	der Bauch
un **bras** [ɛ̃bʀa]	ein Arm
la **gorge** [lagɔʀʒ]	die Kehle/der Hals
un **docteur** [ɛ̃dɔktœʀ]	ein Doktor/Arzt
6 l'**écoute** *(f.)* [lekut]	das (Zu)Hören
un/une **journaliste** [ʒuʀnalist]	ein Journalist/eine Jounalistin

LEÇON 7

Mache Kringel um alle reflexiven Verben im Vokabular der *Leçon 7*.

Ich habe _____ reflexive Verben gefunden.

Wähle ein reflexives Verb aus und konjugiere es.

je	____________	nous	____________
tu	____________	vous	____________
il/elle/on	____________	ils/elles	____________

Und wie lautet das *Passé composé*? ____________

Wie heißen die Körperteile auf Französisch?

LEÇON 7

Sachfeld *être malade*. Notiere mindestens acht Wörter.

être malade

Übersetze.

Was hast du?

Sonntags gehen wir im Wald spazieren.

Streitet euch nicht. Das nervt mich.

Das ist seine Schuld.

LEÇON 7

Zeichnest du gerne? Zeichne eine *Landschaft* und beschrifte sie. Suche auch aus anderen Lektionen oder der Wortliste entsprechende Wörter heraus.

Gehe noch einmal die Wörter aus *Leçon 7* durch. Gibt es Wörter, die du dir nicht merken kannst? Notiere sie und wiederhole sie morgen.

[LEÇON 8]

*Bringe **Bewegung** hinein:*
Gehe beim Vokabellernen auf und ab!

Entrée: Lire, écouter, sortir

sur scène [syʀsɛn]	auf der Bühne

Texte A: Il était une fois Zen Zila

devenir [dəvəniʀ]	werden

***devenir** wird konjugiert wie **venir**:*
*je dev**iens**, nous dev**enons**; je suis deven**u***

tomber malade [tõbemalad]	krank werden
en face (de) [ɑ̃fas]	gegenüber (von)
mince [mɛ̃s]	dünn
plus mince que [plymɛ̃skə]	dünner als
les **lunettes** *(f.)(pl.)* [lelynet]	die Brille *(immer im Plural)*
moins [mwɛ̃]	weniger
moins grand que [mwɛ̃gʀɑ̃kə]	weniger groß/kleiner als
cacher qc [kaʃe]	etw. verstecken
un **cheveu**/des **cheveux** [ʃvø]	ein Haar/Haare
avoir <u>les</u> cheveux noirs	schwarze Haare haben
un **bonnet** [ɛ̃bɔnɛ]	eine Mütze
l'**air** *(m.)* [lɛʀ]	die Luft; *(hier)* das Aussehen
un **œil**/des **yeux** [ɛ̃nœj/dezjø]	ein Auge/Augen
avoir <u>les</u> yeux bleus	blaue Augen haben
un **drôle de nom** [ɛ̃dʀoldənõ]	ein komischer Name
le **meilleur**/la **meilleure** [mɛjœʀ]	der/die/das beste …
intéresser à qc [sɛ̃teʀese]	sich für etw. interessieren
aussi fan que [osifankə]	ebenso begeistert wie
un **siècle** [ɛ̃sjɛkl]	ein Jahrhundert

	curieux/curieuse [kyʀjø/kyʀjøz]	neugierig; *(hier)* merkwürdig
	fermer qc [fɛʀme]	etw. schließen

Pratique A

2	**heureux/heureuse** [øʀø/øʀøz]	glücklich
3	la **techno** [latɛkno]	der Techno *Musikstil*
5	**passer** [pase]	*(hier)* laufen/spielen (im Radio)
	de temps en temps [dətɑ̃zɑ̃tɑ̃]	von Zeit zu Zeit/manchmal
8	**deviner** qc [dəvine]	etw. erraten

Texte B: Zen Zila au collège

proposer qc [pʀɔpoze]	etw. vorschlagen
un **principal**/une **principale** [pʀɛ̃sipal]	ein Schuldirektor/eine Schuldirektorin
un **guitariste**/une **guitariste** [gitaʀist]	ein Gitarrist/eine Gitarristin
l'**arabe** *(m.)* [laʀab]	das Arabische
un **tremblement de terre** [ɛ̃tʀɑ̃mbləmɑ̃dətɛʀ]	ein Erdbeben
mélanger qc [melɑ̃ʒe]	etw. mischen

***mélanger** wird konjugiert wie **manger**:*
je mélange, nous melangeons; j'ai mélangé

le **pop** [ləpɔp]	der Pop
avancer [avɑ̃se]	vorankommen

***avancer** wird konjugiert wie **commencer**:*
j'avance, nous avançons

un **séjour** [ɛ̃seʒuʀ]	ein Aufenthalt
une **carte de séjour** [ynkaʀtdəseʒuʀ]	eine Aufenthaltserlaubnis *hier:Name einer Musikgruppe*
une **origine** [ynɔʀiʒin]	ein Ursprung/eine Herkunft

[LEÇON 8]

un **adolescent**/une **adolescente** *fam.: un/une ado* [ɛ̃nadɔlɛsɑ̃/ynadɔlɛsɑ̃t]	ein Jugendlicher/eine Jugendliche
pendant que [pɑ̃dɑ̃kə]	während *Konjunktion*
garder qc [gaʀde]	etw. behalten
timide [timid]	schüchtern
il y a deux semaines [ilja]	(jetzt) vor zwei Wochen

***il y a** deux heures: (jetzt) vor zwei Stunden*
***avant** deux heures: vor 2 Uhr*

un **chapeau** [ɛ̃ʃapo]	ein Hut
Chapeau! *(fam.)*	Hut ab!/Alle Achtung! *(ugs.)*

Pratique

2	**Est-ce que vous seriez d'accord?** [səʀje]	Wären Sie einverstanden?
3	un **paysan**/une **paysanne** [ɛ̃peizɑ̃/ynpeizan]	ein Bauer/eine Bäuerin
	dehors [dəɔʀ]	draußen
5	une **action** [ynaksjɔ̃]	eine Handlung
	unique [ynik]	einzig *(hier)* einzeln
9	**court/courte** [kuʀ/kuʀt]	kurz
	blond/blonde [blɔ̃/blɔ̃d]	blond
	châtain [ʃatɛ̃]	kastanienbraun
	un **jean** [ɛ̃dʒin]	eine Jeans/ein Paar Jeans
	un **t-shirt** [ɛ̃tiʃœʀt]	ein T-Shirt
	un **caractère** [ɛ̃kaʀaktɛʀ]	ein Charakter

Unterstreiche die *Adjektive* **im Vokabular der *Leçon 8*.**
Welche findest du einfach? Notiere sie hier. (*m*. und *f*.).

____

____

[LEÇON 8]

Du kennst fünf Adjektive, die auf *-eux, -euse* enden. Notiere vier davon und übersetze sie. Sieh auch in anderen Lektionen nach.

Welche Wortverbindungen sind sinnvoll? Bilde jeweils einen Satz.

tomber	l'air fatigué
le meilleur	de la musique
avoir	aux questions
passer	malade
faire	à la radio
répondre	ami

[LEÇON 8]

Wer ist kleiner, wer ist größer? Wer ist dicker, wer ist dünner? Vergleiche die beiden Jugendlichen miteinander.

Sachfeld Kleidung. Notiere fünf Wörter.

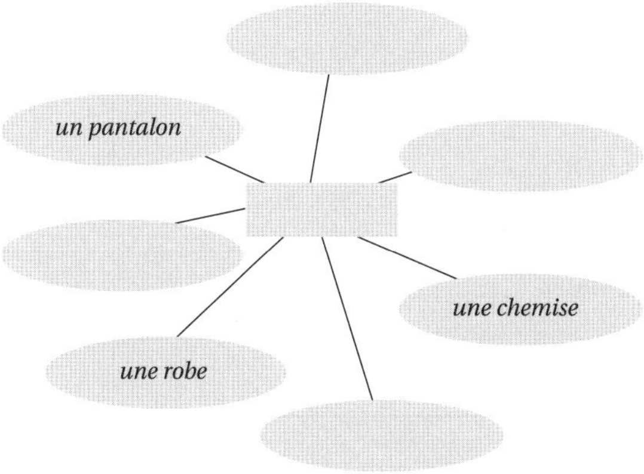

[LEÇON 8]

Die „verflixten" kleinen Wörter. Übersetze.

gegenüber von ______________________________

von Zeit zu Zeit/manchmal ______________________________

während *(Konjunktion)* ______________________________

vor zwei Wochen ______________________________

draußen ______________________________

Wie lautet das Gegenteil?

trouver qc/découvrir qc ______________________________

gros/grosse ______________________________

ouvrir qc ______________________________

long/longue ______________________________

Ergänze die Wörter mit *e*, *é* oder *è* und übersetze sie. Kontrolliere dich mit Hilfe des Lektionsvokabulars.

s'int_r_sser ______________________________

un si_cle ______________________________

d_v_nir ______________________________

un s_jour ______________________________

m_langer ______________________________

[LEÇON 9]

***Wiederhole** auch die Vokabeln aus früheren Lektionen!*

Entrée: Voyages en zigzag

un **voyage** [ɛ̃vwajaʒ]	eine Reise
en zigzag [ɑ̃zigzag]	im Zickzack
une **statue** [ynstaty]	eine Statue
un **festival** [ɛ̃fɛstival]	Festspiele/ein Festival
le **bois** [ləbwa]	das Holz
en bois [ɑ̃bwa]	aus Holz
une **station de ski** [ynstasjɔ̃dəski]	ein Skiort
suisse [sɥis]	schweizerisch
un **Suisse**/une **Suisse** [sɥis]	ein Schweizer/eine Schweizerin
romanche [ʀɔmɑ̃ʃ]	rätoromanisch
le **romanche** [ləʀɔmɑ̃ʃ]	das Rätoromanisch *Sprache in der Schweiz*
célèbre [selɛbʀ]	berühmt
inventer qc [ɛ̃vɑ̃te]	etw. erfinden
fabriquer qc [fabʀike]	etw. herstellen
une **montre** [ynmɔ̃tʀ]	eine Armbanduhr
une **oreille** [ynɔʀɛj]	ein Ohr

Texte: Où allons-nous cet été?

j'aimerais faire qc [ʒɛmʀɛ]	ich würde gerne (etw. tun)
La barbe! *(fam.)* [labaʀb]	Jetzt reicht's!/Das nervt! *(ugs.)*
avoir raison [avwaʀʀɛzɔ̃]	Recht haben
attaquer qn [atake]	jdn. angreifen
un **neveu** [ɛ̃nəvø]	ein Neffe
une **étape** [ynetap]	eine Etappe
un **cheval**/des **chevaux** [ɛ̃ʃəval/deʃəvo]	ein Pferd/Pferde
heureusement [øʀøzmɑ̃]	glücklicherweise *(Adv.)*
malheureusement [maløʀøzmɑ̃]	unglücklicherweise *(Adv.)*
un **Franc** [ɛ̃fʀɑ̃]	ein Franke
tuer qn [tɥe]	jdn. töten/umbringen

[LEÇON 9]

venir voir qn [vənirvwar]	jdn. besuchen (kommen)
il faut que [ilfo]	man muss/es ist nötig, dass
Il faut que **tu viennes** nous voir. [tyvjɛn]	Du musst uns besuchen (kommen).
se marier [səmarje]	jdn. heiraten
avec qui [avɛkki]	mit dem/mit der *(bei Personen)*
Nous **aimerions** que vous **veniez.** [ɛmərjõ;vənje]	Wir möchten gerne, dass ihr kommt.
un **mariage** [ɛ̃marjaʒ]	eine Hochzeit
c'est pourquoi [sɛpurkwa]	deshalb
un **plaisir** [ɛ̃plɛzir]	ein Vergnügen/eine Freude
espérer [ɛspere]	hoffen

> ***espérer**: j'espère, tu espères, il espère, nous espérons, vous espérez, ils espèrent; j'ai espéré*

Dis-le-moi. [diləmwa]	Sage es mir.
réserver qc [rezɛrve]	etw. reservieren
un **hôtel** [ɛ̃notɛl]	ein Hotel
vous verrez [vuvɛre]	ihr werdet sehen/Sie werden sehen
vous adorerez [vuzadɔrəre]	ihr werdet sehr mögen/Sie werden sehr mögen
une **église** [ynegliz]	eine Kirche
exactement [ɛgzaktəmɑ̃]	genau *(Adv.)*
une **seconde** [ynsəgõd]	eine Sekunde
un **chiffre** [ɛ̃ʃifr]	eine Ziffer/Zahl
un **porte-bonheur**/des **porte-bonheurs** [ɛ̃pɔrtbɔnœr]	ein Glücksbringer
le **loto** [ləloto]	das Lotto
un **marié**/une **mariée** [marje]	ein Bräutigam/eine Braut
remercier qn [rəmɛrsje]	sich bei jdm. bedanken
un **pâtissier**/une **pâtissière** [ɛ̃patisje/ynpatisjɛr]	ein Konditor/eine Konditorin
Il faut que **je vous dise** une chose. [ʒəvudiz]	Ich muss euch/Ihnen etwas sagen.
une **plage** [ynplaʒ]	ein Strand

[LEÇON 9]

	finalement [finalmɑ̃]	schließlich/zum Schluss
	fêter qc [fɛte]	etw. feiern
	un **gag** [ɛ̃gag]	ein Gag *witziger Einfall*

Pratique

2	un **mark** [ɛ̃maʀk]	eine Mark *frühere deutsche Währung*
	un **dollar** [ɛ̃dɔlaʀ]	ein Dollar
5	le **luxembourgeois** [ləlyksɑ̃buʀʒwa]	das Luxemburgische (*deutscher Dialekt)*
	le **flamand** [ləflamɑ̃]	das Flämische (*niederländische Sprache)*
	huitante [ɥitɑ̃t]	achtzig *Belgien und Schweiz*
7	**tôt** [to]	früh *(Adv.)*
8	un **Romain**/une **Romaine** [ɛ̃ʀɔmɛ̃/ynʀɔmɛn]	ein Römer/eine Römerin
	ils ont battu [ilzɔ̃baty]	sie haben geschlagen/besiegt
	un **Gaulois**/une **Gauloise** [ɛ̃golwa/yngolwaz]	ein Gallier/eine Gallierin
	une **armée** [ynaʀme]	eine Armee/ein Heer
	gaulois/gauloise [golwa/golwaz]	gallisch
	romain/romaine [ʀɔmɛ̃/ʀɔmɛn]	römisch
	capituler [kapityle]	sich ergeben/kapitulieren
	un **endroit** [ɛ̃nɑ̃dʀwa]	ein Ort/eine Stelle
9	**Tenez!** [təne]	Na sowas! *wenn man jdn. siezt*
	La vache! *(fam.)* [lavaʃ]	Donnerwetter! *(ugs.)*
	possible [pɔsibl]	möglich
	égal/égale [egal]	gleich; *(hier)* gleichgültig
	qn **se fout** de qc *(fam.)* [səfu]	etw. ist jdm. schnuppe *(ugs.)*
10	un **corbeau** [ɛ̃kɔʀbo]	ein Rabe
	un **renard** [ɛ̃ʀənaʀ]	ein Fuchs

[LEÇON 9]

Wie heißen diese Tiere? Beschrifte die Abbildungen. Vergiss den unbestimmten Artikel nicht.

______________________ ______________________

Welche weiteren Tiere kennst du? Notiere sie hier mit ihrem Artikel. Wenn du möchtest, zeichne sie.

______________________ ______________________

______________________ ______________________

______________________ ______________________

______________________ ______________________

______________________ ______________________

Notiere jeweils ein Wort aus derselben Wortfamilie.

une fête ______________________

se marier ______________________

merci ______________________

plaire ______________________

la fin ______________________

[LEÇON 9]

Notiere mindestens fünf Wörter für Dinge, die du mit der Schweiz verbindest.

la Suisse

Mache Kringel um die Verben der *Leçon 9.* Wähle ein Verb davon aus und konjugiere es.

je	________________	nous	________________
tu	________________	vous	________________
il/elle/on	________________	ils/elles	________________

Und wie lautet das *Passé composé*? ________________

[LEÇON 9]

Übersetze.

Der Konditor macht Torten und Kuchen.

____

Ich habe im Lotto gewonnen! – Das ist nicht möglich!

____

Am Sonntag wird Oma uns besuchen kommen.

____

Das ist der Junge, mit dem ich Fußball gespielt habe.

____

Notiere fünf Wörter, die zum Sachfeld „Familie“ gehören.

Diese Wörter fand ich in Leçon 9 besonders …

schwer zu merken	komisch	schön

LÖSUNGEN

S. 6: Verben: dormir: schlafen; partir: weggehen/abfahren; sortir (de qc): (aus etw.) hinausgehen/-fahren; ausgehen; venir: kommen; revenir: zurückkommen

S. 7: Il fait beau. – Il ne fait pas beau. – Il fait chaud. – Il fait froid. – Il y a du soleil. – Il pleut.

S. 8: Übersetze:même; comme ça; quand; à la fin; hier; loin
la ville, aus L3: un parc, un musée; un boulevard; un café. **Weitere**: la banlieue: die Vorstadt; un quartier: ein Stadtviertel; une rue: eine Straße; une place: ein Platz; un cinéma: ein Kino; un théâtre: ein Theater; un bouchon: ein Stau; un bus: ein Bus; …

S. 9: Übersetze: je vois, tu as signé, il vient, ils rentrent, vous revenez, nous déménageons **Gegenteil**: le matin, là-bas, froid, loin, sortir

S. 13 Bewegungsrichtung: aller: gehen; rester: bleiben; descendre: hinuntergehen, aussteigen; tomber: fallen

S. 14: Wortfamilie: la danse-danser; déménager-un déménageur; trouver-retrouver; visiter-une visite; une chanson-un chanteur
Ableitung: énerver → „nerven", aufregen; intéresser → interessieren; un accent → ein Akzent; un paquet → ein Paket; rose → rosa; un canal → ein Kanal. *Findest du noch mehr?* **Wortverbindungen**: prendre des notes: Notizen machen; avoir des idées noires: düstere Gedanken haben; être en retard: verspätet sein; faire la tête: sauer sein

S. 15. Verkehrsmittel: une voiture; un vélo; un bateau; un avion; un camion. Weitere: un métro, un bus, un taxi, un train

S. 16: Übersetze: Nous n'avons que 4 euros. Je dois partir dans dix minutes. (Est-ce que) tu as reçu ma lettre? Emma nous envoie des photos de Toulouse. La radio ne marche plus. M. Carbonne descend à la cave. C'est un film triste.

S. 21: Berufe/les métiers: un conducteur/une conductrice: ein Fahrer/eine Fahrerin; un directeur/une directrice: ein Direktor/eine Direktorin: un/une pilote: ein Pilot/eine Pilotin. **Weitere**: un cuisinier/une cuisinière: ein Koch/eine Köchin; un dessinateur/une dessinatrice: ein Zeichner/eine Zeichnerin; un mécanicien/une mécanicienne: ein Mechaniker/eine Mechanikerin; un/une médecin: ein Arzt/eine Ärztin …
un match: un stade, une équipe; un/une fan; le rugby, un ballon.
Übersetze: partout, tout à l'heure, bien sûr, tant mieux

S.22: l'amour: avoir le coup de foudre pour qn; plaire à qn; amoureux/amoureuse; un sentiment; penser à qn; mignon/mignonne
Adjektive, **Spalte 1**: gratuit/gratuite; amoureux/amoureuse; important/importante; sûr/sûre. **Spalte 2**: cool; jeune; pauvre; pratique.
Spalte 3: nouveau/nouvel/nouvelle; beau/bel/belle; vieux/vieil/vieille

S. 23: Ortsangaben: derrière: hinter; devant: vor; sur: über; sous: unter; entre: zwischen; dans: in

S. 24: Relativpronomen: qui, que; où

S. 28: Ableitung: présenter: etwas vorstellen; les maths: Mathe; un dessert: ein Nachtisch; la géographie: die Geographie ....

S. 29: Übersetze: Le professeur demande à Jérémie de lire le texte. Nous montrons la ville aux correspondants. Jan présente son résumé à la classe. Le pion ne plaît pas aux élèves. Lisa écrit un e-mail à son ami/copain.

S. 30: ohne Präposition: aller faire qc; pouvoir faire qc; vouloir faire qc; savoir faire qc; devoir faire qc; adorer faire qc. **mit à** : commencer à faire qc; continuer à faire qc; réussir à faire qc **mit de**: arrêter de faire qc; avoir envie de faire qc; demander à qn de faire qc; être en train de faire qc; rêver de faire qc; venir de faire qc

S. 31: die Schule/l'école: les maths; la permanence; un pion; en cours; un exposé. **Weitere**: une classe; un/une professeur; un cahier; une salle de classe; un/une élève; un exercice; un tableau; un devoir; une règle; une note; la récréation; la salle de permanence ...

S.35: Pour faire des **crêpes**, il me faut de la farine, des œufs, du lait et du sucre.

S. 36: au marché: des œufs (m.), des oranges (f.); des pommes (f.); des pommes de terre (f.); des légumes (f.); des fruits (f.)
Verneinungen: ne...personne: niemand; ne...plus: nicht mehr; ne... rien: nichts; ne...pas encore: noch nicht; ne...jamais: nie; ne ...pas non plus: auch nicht.

S. 39: Wortfamilie: une annonce-annoncer qc; un saladier-la salade; un marchand-le marché; une boisson-boire qc
Bei Tisch: Bon appétit! **Wenn jd. niest**: A tes souhaits!
Beim Anstoßen: A votre santé!

S. 41: Ableitung vom Englischen: une scène → a scene; un message → a message; un test → a test; une difference → a différence.
Weitere: tennis; to copy; to prefer; a poet; a musician ...
S. 42:
Wortfamilie: la musique-un musicien; un poème-un poète; un kilomètre–un mètre; manquer–manqué; porter–apporter; une fille–un fils
Wortverbindungen: jouer au tennis; installer un ordinateur; être de ton avis; envoyer un message; recevoir un message; gagner de l'argent; prendre des notes.